現代の海女

伊勢志摩の海女に
魅せられて

李《り》 相海《しゃんはい》

青山ライフ出版

女性、母、海に捧げる。

目次

現代の海女

伊勢志摩の海女に魅せられて

はじめに―海女と邂逅

鳥羽市内から日々のように見える神島へ初めて渡ったのが２００８年10月５日。島民の生活ぶりと海に囲まれた独特の住居環境に興味を持ち、鳥羽市観光協会主催の神島潮騒ロケ地めぐりに参加した。

伊勢湾口に浮かぶ孤島、神島はもともと無名の島で、過去に流刑の島として志摩八丈と呼ばれた。三島由紀夫の小説『潮騒』で世間に注目を浴び、映画の舞台になってからは日本全国へ知れ渡った。

島には海神の綿津見命（わたつみのみこと）を祀る八代神社があり、苔が生える２１４段の石段を登ると、阿吽の狛犬が肝胆相照らすかのように左右一対をなす。一番印象深いのは神島灯台で特別公開する『潮騒』の名場面を記録した写真の数々。なかには女優、山口百恵が海女の姿で『潮騒』の映画に出演したことに、とても親しみを感じた。

１９８０年代初めごろ、日本のテレビドラマ『赤い疑惑』が中国で『血疑』の題名で放映され、中国全土を風靡した。ドラマに出演した山口百恵は、当時の中国で一番人気の高い日本女優である。以来、私は神島と海女に対する親近感が湧きはじめ、神島にまつわる民俗行事や鳥羽と志摩地域に現存する海女文化まで広く興味を持ち始めた。

２００９年10月24日、私は二度目の神島潮騒ロケ地めぐりに参加した。同年暮れの三度目の神島では、元旦未明の奇祭として知られるゲーター祭りを初めて目にし、旅館「山海荘」の女性スタッフから「この島のほとんどの主婦が海女漁をやっている」と聞いて神島の常連客となった。そして、五度目の神島は２０１０年６月10日、海女の祭り「ごくあげ」を取材する旅だった。

同年７月１日は鳥羽市国崎町で海女の祭り「御潜神事」、７月11日には鳥羽市菅島の「しろんご祭り」を見るなど、海女にまつわる民俗行事と海女への関心は日々年々と深まっていた。

鳥羽市国崎町の御潜神事は、伊勢志摩地域でもっとも有名な海女の祭りとして知られる。しかし、２０１１年からは中止となった。２０１３年６月25日、海女文化世界遺産登録応援事業、そして20年に一度の「式年遷宮」を記念して御潜神事が再現された。鳥羽市、志摩市の海女１００人弱が白装束で国崎町老の浜で集まり、鮑を採集する風景は壮観だった。

　大切なものは何かと、故郷を離れて生活する人々はきっと「ふるさと」を思い出す。海に囲まれた日本列島、過去に多くの海女が住んでいた。上半身を裸にした海女の姿を浮世絵や多くの写真を介在して見ると懐かしい。裸の文化が徐々に消えてゆくように、裸の海女はすでに絶滅し、海女の素潜り漁も激減している。

　海女たちの原始的で、生命力溢れる素潜り漁はほとんど海女の祭りを通じて見てきた。現代に生きる海女たちを記録しようと、２０１３年から志摩の海女撮影会にも参加した。２０１４年10月11日、絵かきの町・大王写真撮影会に、二人の海女がモデルで登場するとされ、興味津々で参加した。志摩市大王町船越にある次郎六郎海水浴場では百人以上のカメラマンが殺到し、ほとんどが60代以上の方だった。私は唯一の外国人で、比較的に若い。モデルを務める二人の海女は、共に海女歴50年以上の高齢の方で、砂浜で磯メガネを洗ったり、海で水を掛け合ったりして様々な場面を演出してくれた。

　英虞湾に面する砂浜で、多くのカメラマンが二人の海女を撮影する情景は、私にとって懐旧的で、感傷的なものだった。50年前、漁村の娘たちは中学校を卒業すると自然に海女の道を選んだ。時代が移り変わり、今は海女になろうとする後続者がほとんどいなく、海女も高齢化している。

レンズを通して見る海女の顔には、大自然の恵みと畏れを、身を以って体験してきた歳月の痕跡が皺としてあらわれ、優しく、哀愁に包まれた。海辺に立つと、寄せ返す波の音と塩辛い味に、10年以上も会っていない母を思い出す。田んぼや畑を耕し、苦労の人生を歩んできた母が目の前の海女と重って見えて、心が悲しくなった。

ホテル仕事の合間に、日本の原風景を伝えようと走り続けてきた道のりに、海女の肖像が突如、脳裏に浮かんだ。そう、今まで見てきた海女を書こう、と心に決めた。

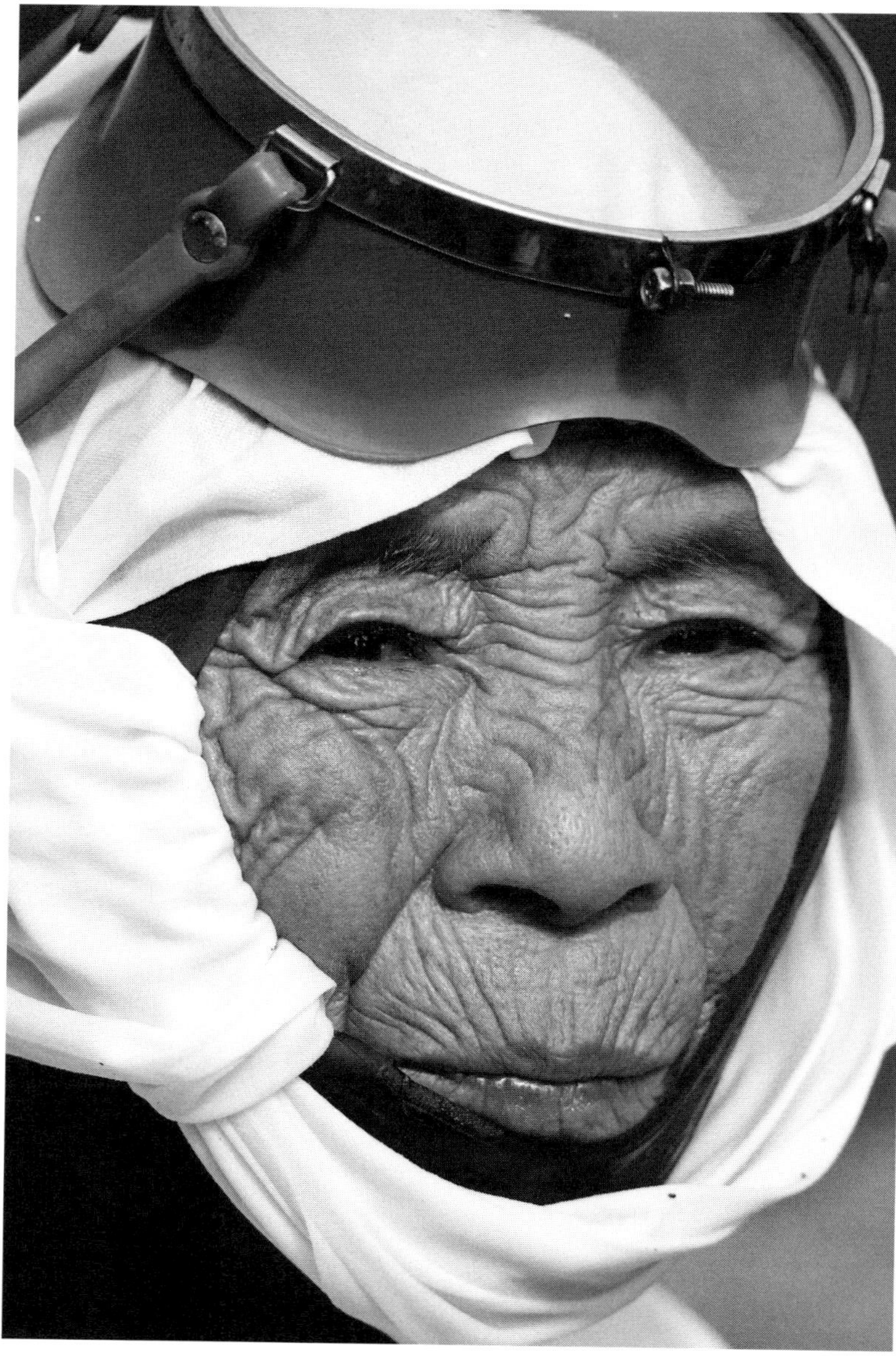

志摩の海女　絵かきの町・大王写真撮影会 2014年

一　海女の祭り

日本の祭りは数多く見てきた。北の青森から南の沖縄まで、日本全国を行脚し、三百回ほどの祭りと向き合った。海女に関する祭りは十数回ぐらいで、決して多くはない。しかし、陸と海をつなぐ海女の存在はもっとも原始的な生業として珍重すべきである。今や海女、そして海女の祭り自体が少なくなり、日本のなかで、おもに伊勢志摩でしか見ることができない。

祭りはハレの日のハレの行事で、土地の先祖が大切に残してくれた文化財産である。これまで地縁と血縁関係を紐帯とした山村や漁村の共同体意識は近代化の波に押され、若者は次第に都会へと移住し、伝統文化、そして海女の祭りなどは徐々に姿を消えつつある。少なくとも私の目にはそういうふうに映る。

〈祭の世界に定住しながら大して不思議と感じずにいられた太古の人人は我我と全く違った感じ方、考え方をしていたのである。文明に鈍らされた我我の感性にとっては、古代人の心理を一時蘇らせてその心境の内に生きることを想像した時に限って、祭という社会的事業は合理的な目標を持ち、有意義な働きをするものと考えられてくるのである。〉

— 松平斉光『祭—本質と諸相　古代人の宇宙』より

祈る海女　鳥羽市国崎町

神島のごくあげ　三重県鳥羽市

２００９年暮れに神島へ行った時、「山海荘」旅館の女性スタッフに「この島に海女さんが住んでいますか」と聞いたところ、「私を含めて、神島のほとんどの主婦が海女漁をやっているよ。夏は鮑が採れる時期で、もしよかったら６月11日、ごくあげの日にまたきてください。海女さんの潜り、そして美味しい鮑も…」の返事だった。「ごくあげ」はあとで調べてわかったが、「御供上げ」と書いて鮑の豊漁と海上安全を祈願する神島ならではの祭りである。

６月10日、鳥羽から神島行きの最終便に乗って、半年ぶりに再び神島へ行った。神島港には冬場に見るカモメの白い群れはなくなり、数羽のトンビが孤高で空高く飛びまわっている。夕食を前にいつもの路地裏を辿って八代神社へ駆けつけた。灯明山の北西に向かう斜面には引きしめあった民家が立ち並び、夕日に照らされて、色鮮やかな屋根瓦がさらに輝きを魅せつける。目線を上げれば果てしない海の世界が遥々と続く。そう、ここは山と海の国であり、人々の営みは大自然のなかに惚けてゆく。

八代神社の前で夕日をしばらく眺めると、時間が止まっている感じがした。自然のなすがままのリズムに少し慣れて、つぎの日を待ち望んだ。夜は旅館「山海荘」で期待通りの海の幸、そして舟盛りの鮑とサザエはコリコリした食感で、絶品だった。

6月11日朝、いよいよごくあげが始まる。宮持は御幣を聖域とされる三か所の磯（東のアレガミ島、キヤ島、西のコヘロガミ島）に前もって立てる。午前8時半ごろ、宮持の家が用意した船でコヘロガミ島に向かう。船上には宮持夫婦、船頭、海女3人を含めて計6人が乗っている。コヘロガミ島の周りは、すでに海女たちの乗った30艘ほどの船が待っている。宮持の船は島を左回りで三周しながら3升3合3勺の米を海中に撒く。鮑の豊漁を祈っての種まき儀式と見られる。そして島をまわる時に東の豊川稲荷、南の伊勢神宮、神島の八代神社の三方向へお祈りをする。

その後、海女たちが潜って鮑採りが始まる。私が見ていたのは古里の浜に集まった海女だった。目の前に海女たちが次々と海藻の茂る海へ飛び込む。一回潜るたびに見る海女の表情は実に苦しい。一時間半の繰り返し作業が一段落すると、海女たちは波に打たれて何度も躓きながら、スカリ（獲物を入れる編袋）いっぱいの獲物を肩に乗せて海か

海から戻る

鮑を三つ取り出して見せる

ら戻る。一人の中年海女からご苦労さんと言わんばかりに、貝の詰ったスカリから鮑を三つ取り出して見せる。そして三つのサザエをその場で割ってくれた。この日に水揚げした鮑は一部竜宮さんに供え、その後にいただくこととなっている。

今回の神島行きで、初めて生業としての海女漁を見た。自然の香ばしい鮑やサザエを生でいただき、今でも懐かしい。三の数字へのこだわりと海中の島を聖域として崇める儀式には遠い昔のままの自然崇拝の観念がうかがえる。海に生きる海女たちの逞しい姿は、心の奥まで刻まれた。

海中の島を聖域として行うごくあげの儀式

国崎の御潜神事　三重県鳥羽市

鳥羽市国崎町は志摩半島の最東端に位置し、志摩の国の先にあることから訛ってくざきと呼ぶ。北には石鏡町、南には相差町があり、共に海女と漁師の港町として栄えてきた。

旧暦6月1日に行われる御潜（みかづき）神事は国崎町の浜で行う鮑採取の儀式で、身をそいで乾燥させた熨斗鰒は伊勢神宮に供える。過去に、国崎を含めて答志、菅島、神島、石鏡、相差、安乗の6村の海女も参加して行われる御潜神事は、1871年（明治4年）の御贄貢進制度の廃止により途絶えてしまう。2003年に132年ぶりに復活させ、再び海へ潜る白い磯着姿の海女たちを見ることができた。

長い伝統を持つ熨斗鰒づくりや海女の祭りを自ら確かめようと、2010年7月1日朝、鳥羽の海道にあたるパールロード経由で国崎へ赴いた。

海士潜女神社の碑

朝7時ごろ、国崎の海女たちが次々と海女の祖とされる「おべん」を祀る海士潜女（あまかづきめ）神社に参拝する。それから禁漁区域の前の浜へ集まった。午前9時、太鼓の合図に合わせて30人余りの海女たちが真っ白な磯着をまとい、波しぶきをあげて海に入った。一時間ほどの採取を終え、鮑やサザエなどは磯桶に積まれて浜揚げされた。

採れた鮑はさっそく御料鰒調製所まで運ばれ、伝統技法を受け継いた地元の長老によって熨斗鰒にする作業が続く。ちなみに国崎町の熨斗鰒づくりは2004年に三重県無形民俗文化財に指定された。その後、大漁と安全を祈願して、雌雄一対の鮑が地元海士潜女神社に奉納される。

国崎は潮流荒く岩礁の多い海域にあるため、鮑やサザエなど海の幸が育つ環境に適し、古くから海女の漁場だった。海の恵みや時折の脅威をよく知っている海女たちは、日頃から自然に感謝と祈りを捧げ、海女の生活文化を今日まで伝えている。

残念ながら、国崎町の御潜神事は2011年にまた中止された。二年後の2013年、100人の海女が集まり、御潜神事が再現される。私はその情景を「日本海女の祭り、140年前の風情を再現」と題して中国語（日本紀行サイト）で紹介した。下記は訳文である。

国崎町の御料鰒調製所で地元長老による熨斗鰒づくり

日本の海女は古い歴史を持つ。海女たちは上半身裸で、人魚のように海へ潜って鮑などを採るのは20世紀50年代までのことだ。１９６０年以降、日本は高度経済成長期に入り、海女は漁撈の傍ら、一部海鮮料理を提供する民宿などを経営することになって、裸の海女は姿を消した。

現在、三重県伊勢志摩には約１、０００人の海女が住んでいて、日本のなかで一番多い。高齢化と海洋環境の影響で海女の人数は激減し、海女の文化も存亡の危機に直面している。

岩手県の北限海女を題材にしたNHK連続ドラマ「あまちゃん」は日本全土で放映中にある。二年前に取材した鳥羽市三代海女、中川静香さんは人気になり、テレビなどのメディアでよく登場する。海女文化を次世代へ残すために、鳥羽市と志摩市は昨年（２０１２）に海女振興協議会を立ち上げ、ユネスコ無形文化遺産登録を目指している。

今年6月29日、鳥羽市観光協会と関連部門が伊勢神宮「式年遷宮」の年に、海女文化のユネスコ無形文化遺産登録を応援するため、１４０年（１８７１）前の海女の祭り―御潜神事を再現した。鳥羽市神島、答志島、菅島、石鏡、相差、国崎及び志摩市安乗の七地区、約１００人の海女が国崎町老の浜で集まり、白の磯着姿で海に向かって祈祷した後、一斉に碧い海へ潜る。目の前の風景はまるで絵のなかの世界だった。

２０１０年、私は「日本紀行」で初めて御潜神事を紹介した。２０１１年は東日本大震災の影響で行事が中断され、三年ぶりに日本最大規模の海女の祭りを見ることができた。来年以降の開催予定はなく、槿花一日の栄のようだった。

菅島のしろんご祭り　三重県鳥羽市

鳥羽と志摩は昔から海女の郷で、日本の約半数の海女が伊勢志摩に集中している。

私の勤めるホテルに、一幅の浮世絵「伊勢の海士　長鮑制之図」が大きく飾られている。それは江戸時代の浮世絵師、歌川豊国（三代目）が伊勢志摩の海女を題材にして描いた風俗画だ。絵中では、初夏の海岸で裸の海女たちが、水揚げされた新鮮な鮑を手にして熨斗鰒をつくる場面が描かれている。青い海原の向こうには、海女を乗せた小舟や帆船が浮かんでいて、土地の文化が一目瞭然に凝縮されている。

鳥羽市菅島で、毎年7月11日（２０１２年より7月初旬の土曜日に変更）に、７００年前から伝わる海女の祭り、しろんご祭りが行われる。普段は禁漁の浜とされる白浜（しろんごはま）は、この日だけ漁が許される。祭りで雌雄一対のまねき鮑を一番先に採った海女が一年間海女頭として崇められ、豊漁が約束される。採れたつが

雌雄一対の鮑を白髭神社へ奉納する

入水の前にお祓いを受ける

いの鮑は白髭（しらひげ）神社に奉納される。

２０１０年７月11日朝、私は大勢の人々と鳥羽港から船で菅島に渡り、初めてしろんご祭りを目にする。菅島は鳥羽市の二番目大きい離島で、人口８００人ほどが生活し、海女の文化が深く根づく島である。白浜は菅島港から歩いて20分ほどの距離にあり、島に訪れるカメラマンと観光客でにぎわう。狭い遊歩道の脇に原始森林が茂り、海辺は防波堤がなく、山、森、砂浜が繋がり、自然のままの風景が続く。

祭りを前に、海女たちはあちこちで焚火を囲んで歓談し、用具を整え、準備作業に取り掛かっている。午前９時ごろ、地元神職のお祓いを受け、ホラ貝を合図に、白い磯着をまとった海女たちは水を得た魚のように海の世界へと潜り込む。

潜水から海面に浮上すると、息継ぎのために口笛に似た「ピューピュー」という吐息が時折聞こえてくる。潮騒の中に響く哀調の声は海女の磯笛と呼ばれ、〝日本の音風景百選〟にも選ばれている。海女の素潜り漁は想像以上に過酷であり、可憐に見えた。

30分過ぎると、一艘の漁船が浜に近づき、採れた雌雄つがいの鮑は、奉納海女と呼ばれる若い女性に手渡され、生饌として白髭神社に献上される。

海原には大漁旗のパレードと海女漁が繰り広げられ、浜辺では伝統の踊りと新鮮な

生き生きと海に向かう　菅島のしろんご祭り

海女の磯場

海の幸が振舞われている。一時間後、海女たちは鮑とサザエを磯桶やスカリに満載して、浜へ戻った。

しろんご祭りを見終えて、再び鳥羽港へ戻ると、白装束の海女の姿が懐かしく思う。日本は島国であり、島々にそれぞれの伝統文化が根づいている。古き不便な時代から続けられてきたしろんご祭りは菅島特有の文化財産であり、私のような外国人から見れば日本の財産そのものだと思う。

今までしろんご祭りを四回も見てきた。祭りの参加者は30～40人ほどで、年々減少傾向にある。田辺悟氏が書いた『海女』（法政大学出版局、１９９３年）によると、１９９１年では海女たち約２００人がしろんご祭りに参加し、「海女さんたちが純白の磯着で集まるのだから、浜が輝いてまぶしい」と、書かれている。もっと前は、一軒の家に海女が三代にわたり、総勢４００人も浜へ集まったとされる。浜の風景が20年間で激変しているのを考えると、今の世風がおかしい、としか思えない。それでも、しろんご祭りが中断なく続いていることに、有難く思う。

歳の神を海に流すノット正月　三重県鳥羽市

　鳥羽市国崎町は歴史ある漁師と海女の港町で、伝統ある祭りもたくさん残されている。毎年1月17日、正月に各家庭を訪れる歳の神を、わら舟に乗せて海へ送る伝統行事、ノット正月が国崎町前の浜で行われる。「ノット」とは、祝詞（のりと）の訛りからきたという説があるが定かではない。旧暦では小正月を女の正月とも呼ばれ、主役は女性と子供である。海女や女性だけに執り行われるノット正月は江戸時代まで遡り、日本全国でも珍しい。少子高齢化で、消滅の恐れがあるとして、２０１１年に国選択無形民俗文化財に選ばれた。

　これまで先祖の霊や来訪神を見送る民俗行事は何度も見てきた。普通は日が沈む頃に行われることが多く、13時過ぎに国崎町へ着くと、年配の海女さん60人ほどがすでに前の浜へ集まっていた。今日は天気も晴れて、海面はキラキラと輝いていた。各家から一人ずつ女性が洗米、なます、酒、ツメの札、そして藁一把を持ち寄って共同でわら舟をつくり、30分過ぎると2m長さのわら舟一艘が出来上がる。その後、歳徳丸の幟と御幣を立てて、鈴の音を合図に火を放って海へ流す。

歳の神・歳徳神は民俗学では祖霊であると考えられ、山の高いところや海の彼方からやってきて、小正月（1月15日）前後に左義長（どんど焼き）の行事を通じて歳の神を見送る。志摩半島は周囲が海に囲まれ、生活の糧が海であり、先祖の霊も海からやってくると信仰が深く、わら舟を海に流す行事が多く見られる。

鳥羽市国崎町の漁師や海女にとって、海は生活の場であり、死と隣り合わせる場でもある。先祖に対する篤い思いがわら舟を介在して去来し、感謝や安全を祈願して正月を締めくくる。

わら舟をつくる最中

わら舟を海に流す　国崎町のノット正月

2013年6月29日、鳥羽市国崎町老の浜で再現された御潜神事に鳥羽市神島、答志島、菅島、石鏡、相差、国崎及び志摩市安乗の七地区、約100人の海女が参加した。

休憩をとる海女たち　2013年御潜神事

海女のいる海は眩しい　2013 年御潜神事

逞しい海女の姿

待機　鳥羽市菅島のしろんご祭り

採った鮑を見せる

焚火を囲んで歓談する菅島の海女たち

磯笛が聞こえる時　しろんご祭り

読者カード

青山ライフ出版の本をご購入いただき、どうもありがとうございます。

●本書の書名

●ご購入店は

・本書を購入された動機をお聞かせください

・最近読んで面白かった本は何ですか

・ご関心のあるジャンルをお聞かせください

・新刊案内、自費出版の案内、キャンペーン情報などをお知らせする青山ライフ出版のメール案内を（希望する／希望しない）

★ご希望の方は下記欄に、メールアドレスを必ずご記入ください

・将来、ご自身で本を出すことを（考えている／考えていない）

(ふりがな) お名前	
郵便番号	ご住所
電話	
E メール	

・ご記入いただいた個人情報は、返信・連絡・新刊の案内、ご希望された方へのメール案内配信以外には、いかなる目的にも使用しません。

郵便はがき

103－0014

恐縮ですが、切手を貼ってお出しください

東京都中央区日本橋蛎殻町1丁目35－2 グレインズビル5階52号

青山ライフ出版

読者カード係 行

通信欄

ご意見・ご感想などお寄せください。小社ウェブサイト（http://aoyamalife.co.jp）で紹介させていただく場合がございます。あらかじめご了承ください。

海女の大夜泳　白浜海女まつり

海女小屋はちまんかまど　野村禮子（左3）

サザエを満載して帰港する途中　鳥羽市相差町

和む時　志摩の海女撮影会 2013 年

ミキモト真珠島で見る海女の実演

潮かけ祭り　三重県志摩市

鎌倉時代から続く潮かけ祭りは、海の安全を守る女神―市杵島姫命（いちきしまひめのみこと）が年に一度、志摩市志摩町和具の八雲神社から大島の祠（ほこら）へ里帰りすることを祝う祭りである。

旧暦の6月1日、地元漁場で採れた鮑、サザエなどの海の幸を、海女と漁師が大島の祠にお供えして海上安全や豊漁祈願をした後、帰路の海で船同士、海女と漁師などが入り乱れ、船上からバケツやホースなどを使って潮かけ合戦を行う。この「祓い清め」行事は、日本全国でも珍しく、潮を受けると、その年は家内安全、無病息災であるとされ、奇祭として知られている。

2012年7月19日（旧暦の6月1日）朝、志摩半島で名高い潮かけ祭りを見に行った。お互いに知らない者同士が海水を掛け合い、カメラ要注意の祭りで、少し躊躇もあ

バケツを持って近寄る海女たち

海水を掛け合う　潮かけ祭り

ったが、望遠レンズを装備して何とかなると現場へ赴いた。

志摩市和具漁港は朝から大勢の人々でにぎわい、非日常の時を楽しむ。祭主と地元代表団が乗る万度船は無人島の大島へ出発すると、お酒を飲みながら待機する地元の若衆と観客を乗せた漁船三十隻ほどが、大漁旗を立てて次々と大島へ向かう。

大島での行事が終わると、みんな和具港に戻って、漁港付近の海上で潮かけ合戦が始まる。私は上陸した海女を追って撮影すると、近寄った海女がバケツに入った海水をいきなりかけてきた。カメラは避けたが、海水の洗礼を受けた。再び海岸沿いに戻ると、誰かが待ち伏せしたかのように、ホースから横殴りの海水が当たってきて、カメラも体もずぶ濡れされ、周りから笑い声が聞こえてきた。

海上では三十隻の船に、漁師と地元の住民、そして観光客たちが互いに海水を掛け合い、祭りを楽しんでいる。遠くから見ると壮観そのものである。

今まで体験した多くの祭りのなかで、お湯に浴びせたり、火の粉に浴びせたり、泥水に浴びせたり、様々な予想外のことに遭ってきた。祭りは「ハレ」の空間であり、日常の「ケ」から解放する一年一度の再会の場、そして喜怒哀楽を表現する聖なる時でもある。

潮仏例祭　三重県志摩市

志摩半島の西端に御座漁港があり、磯沿いの道には潮仏と呼ばれる石仏が海中に祀られている。満潮の時は水のなかに隠れ、干潮の時は姿を現し、自らが潮にぬれて、苦しみを引き受けることで腰下の病気を治してくれると、海女や女性の信仰を集める場所である。

近くに、【御座浦石仏地蔵尊縁起】の看板があり、次のように書いてある。

地蔵尊は地上界の諸人救済の大慈悲をもっていられるみ仏で、その信仰は平安時代中頃から鎌倉時代にかけて盛んになっていった。当石仏地蔵尊もその昔からこの浦に鎮座して衆生との仏縁を結んでいられた。ある時とう当村の弥吉老人の午睡の夢枕に立って、「我は御座浦の地蔵菩薩なり、古くより因縁を感じてこの処に姿を現ず。至心に祈願せんものには誓って腰より下の病疾を治すべし、我海水の浸すところに在りて諸人の為に常に代わりて苦忠を洗浄せん、必ず高所に移すことなかれ。」と、このことを伝え聞いた村人は迷いの雲が晴れたように地蔵尊に帰依し、日参して病苦の平癒を祈願してみ仏の慈悲にすがった。

後世御本尊の前に前立地蔵を献じ、参道を改修したこの石仏さんは婦人の腰から下の病に苦しむ人、子をさずけてほしい人、安産を祈る人、生理を調節したい人、人それぞれの願いをかけて救いを求めて日参する人が多い。

全国に地蔵尊は多いが清浄な海中におわす地蔵尊は唯一であろう。

毎年3月15日に潮仏の例祭が行われ、翌16日から御座地区の海女漁が解禁する。

2013年3月15日朝、私は志摩市御座漁港を訪ねた。干潮の時であり、潮仏は水面から姿を現している。潮仏の前に御供の熨斗、洗米、赤豆、魚の切身、酒、地蔵の札などが置いてあり、地元の海女や女性が次々と集まる。午前10時、住職が潮仏を前にお経を読み上げると、一人ずつ線香をあげて礼拝する。

目の前に海女らしきお婆さんが、杖の上に皺深き手を乗せて目を閉じたまま静かに祈っている。海を頼りに生活する志摩半島の果てに今も信心深く、海に寄り添い、感謝の念を捧げる女性たちの姿は、遠い昔に生きているように思えた。

御座の潮仏

海岸沿いで行う潮仏例祭

白浜海女まつり　千葉県南房総市

千葉県房総半島の最南端にある白浜町で、毎年7月の海の日と翌日に、夏の訪れを告げる白浜海女まつりがある。

２０１３年7月19日夜、翌日に行われる南房総白浜海女まつりを見ようと、鳥羽市を出発した。三重県内では国道23号線を走り、愛知県の岡崎ＩＣで初めて高速道路に乗り込む。途中で仮眠しながら、朝９時30分頃に神奈川県藤沢市鵠沼海岸へ着いた。１９３５年7月17日、この海に来遊され、不帰の客となった若き中国国歌の作曲者、聶耳の記念広場があり、ついでに尋ねた。それから鎌倉市にある建長寺と鎌倉大仏を見学し、東京湾フェリーで房総半島へ渡った。南房総市白浜町に着いたのは16時頃で、さっそく海女まつり会場となる野島崎公園へ向かった。

人ごみのなかで、海女に扮した若い女性３人が現れると、急いでカメラを持ち出す。

周りにカメラマンが多く、すぐさま撮影の輪ができた。その後、香港人らしきカメラマンと一緒に、三人中の一人をモデルに海岸で撮影し、素敵な一枚を残した。

会場へ戻ると、これから小学校以下の部と中学生以上の部に分かれて、海女コンテストが行われる。中学生以上の部では16人が海女に扮して出場し、それぞれ自己アピールをした。グランプリに輝いたのは先ほど海岸で撮影した若い女性で、海女歴3年の出口祐子さんだった。出口祐子さんは館山市出身で、「海の恵みに感謝」の言葉が印象深い。

舞台上には白浜音頭や海女踊りなど、様々な演目が観客を楽しませる。道を挟んで海鮮料理店が立ち並び、近くて焼き鳥、ラーメン、海鮮焼きなどの屋台から香ばしい匂いが漂う。海女の大夜泳を見るのが旅の目的で、撮影の場所を確保するため、夕食は簡単に済ませ、海沿いに三脚を据えて静かに待っていた。

日が暮れると海中に松明の火が点り、船上で弁財天の舞、龍神の舞、弁財天と龍神の戦いなどが上演される。まつりの最高潮はやはり海女の大夜泳で、白装束の海女60人が片手に松明を持って現れると、会場は騒然となり、カメラのフラッシュライトはあちこちで閃光した。私は三重県鳥羽市から遥々やってきて、この場面を捉えるためにカメラ2台を用意し、緊張感に包まれながらシャッターを押し続けた。

松明を片手に夜の海を泳ぐ白装束の海女たち

地元観光情報によると、その昔、野島崎の海に一隻の船が遭難され、多くの船乗りが暗闇の海に投げ出された。白浜の海女たちは、松明を手に夜を徹して捜索したという悲しい出来事に因んで、夜泳の儀式が始まったとされる。

海女たちは松明を片手に海へ入り、円を描きながら泳ぐ姿は圧巻だった。暗闇の海で、松明の炎は幻想的な光の輪を浮かべ、供養と祈願、そして感謝の念をあらわすかのように一周、二周と続く。海女の大夜泳が終わると、まつりの最後を飾る花火が夜空を彩る。世の美しきものは儚く、光の輪だけが久しく記憶に残っている。

第49回白浜海女まつりでグランプリに選ばれた、出口祐子さん

北限の海女フェスティバル２０１３　岩手県久慈市

２０１１年３月11日に発生した東日本大震災以降、東北へ足を運ぶようになった。震災直後、東日本大震災に寄せられた中国の応援歌『日本不悲傷（日本よ悲しまないで）』を、徹夜で日本語に訳して日本紀行サイトへ載せた。同年11月12日、初めての東北行きは福島県を代表する晩秋の風物詩「須賀川松明あかし」を見る旅だった。

２０１３年４月、ＮＨＫ連続テレビ小説『あまちゃん』が放映され、北三陸にある小袖海岸の海女にも興味を持ち始めた。

震災地への思い、そして海女や祭り文化への関心などが重なり、２０１３年８月３日～４日、再び東北へ旅した。

８月２日夜、仕事を終えて鳥羽駅から近鉄線で名古屋へ。新幹線最終便（名古屋22時10分発）で東京着。３日朝、東京始発便（６時）で東北新幹線に乗り、朝７時32分に仙台市駅へ着いた。駅付近でレンタカーを借りて、それから石巻市、青森市、八戸市など、長距離で走り回った。最初の訪問地は、宮城県石巻市立門脇小学校だった。

道中に日本三景の一つ、松島海岸を経由して午前10時30分に門脇小学校へ着く。焼け焦げた校舎はシートで覆われ、グランドでは野球少年たちが元気よく走り回っている。近くて観戦する一人の老人に、「長渕剛さんが紅白で歌った場所はここでしょうか」と聞くと、無言でうなずく。海岸へ行くと廃車が積もり、道路には散乱した車の数々。海は濁って見えた。

過去は住宅地だった荒涼たる校舎の前を一時間も彷徨って北へ、北へと向かった。夜は青森県青森市でねぶた祭りを見物し、深夜零時頃に宿泊先の八戸市八戸駅付近のホテルへ着く。4日早朝、足の痙攣で目覚め、かたくなった右足を懸命にほぐす。3時間後、やっと歩けるようになり、違和感を覚えながら岩手県久慈市へ赴いた。

毎年8月第一日曜日に久慈市小袖海岸で「北限の海女フェスティバル」が開催される。テレビドラマ『あまちゃん』の影響で、小袖海岸の海女は新聞やインターネットなどでよく登場する。北限の海女の素潜り実演を一目見ようと8月4日、海女フェスティバルに合わせてやってきた。午前10時過ぎ、久慈市に到着すると、久慈駅から小袖海岸へ向かう路線バス（10時30分発）に乗り込んだ。車窓から見る海岸線は奇岩、断崖と岩礁の連続で、荒々しい波に削られた自然の景観は雄々しい。そのなかに、「つりがね洞」と呼ばれる奇岩が有名で、洞穴から外海の三角形の岩を借景して奇観を呈する。

30分後、路線バスが小袖海岸に着くと、大勢の観光客でにぎわう。入口に「ようこそ北限の海女の古里へ」と大きく書いてあり、海岸沿いには北限の海女の衣装、かすりの着物に白い短パン姿の少女たちが元気よく振舞う。観客の目線から見ると、ここは非常に郷土的で、海女の里に似合う風情であった。横の看板には次のように書いてある。

久慈市宇部町小袖海岸は北三陸に位置し、１９７１年に陸中海岸国立公園に指定。２０１３年には三陸復興国立公園と改称される。宇部町「海女のふるさと」の歴史は古く、今から約２，５００年前に縄文人が海中に潜って鮑を採取するために、シカの骨で作った骨ベラが二子貝塚から出土している。

「北限の海女」は久慈市の海で活躍する海女の総称で、１９５６年に海女クラブが結成され、現代のかすり半天等の衣装による素潜り漁として今日まで守り継がれている。

【宇部町「海女のふるさと」会】

北限の海女ちゃん　久慈市小袖海岸

ウニを採って浮上する瞬間

北限の海女素潜り実演は海女センター前の浜で行われる。11時20分からの実演を見るため、数百人の観客が殺到した。素潜り実演はベテラン海女と高校生海女クラブの海女ちゃん計10人で、海女たちの姿が現れると周囲から拍手が沸き起こった。そして海女たちが海中へ潜ってウニを採るたびに歓声が絶えない。本物の鮑とサザエを採る鳥羽市神島のごくあげと菅島のしろんご祭りを見てきた私にとって、観光海女はこれまで敬遠してきた。しかし、本物の海女漁は何処ともなく減り続けている一方で、ここ、小袖海岸で見る高校生海女クラブの海女ちゃんは未来の星かもしれないと、観光海女に対する印象も改めた。

30分後、素潜り実演が終わり、大勢の観光客が若い高校生海女ちゃんを囲んで記念撮影。私も一枚、記念に撮った。昼は中学生海女ちゃんが販売している久慈地域の伝統食、まめぶ汁をいただき、心が温まる時を過ごした。

帰り際に見る海は透き通るように碧く、巨大な夫婦岩にはしめ縄が飾ってある。海辺で暮らす人々の願いは昔から素朴であり、切ないと振り返る。

人気を集める海女の素潜り実演　北限の海女フェスティバル 2013

二　三代海女を訪ねる

鳥羽市相差町は海女の国と呼ばれ、伊勢志摩で海女がもっとも多い町である。地元に海女の信仰が深い小さな社、石神さんと親しまれる神明神社があり、古くから女性の願いを一つ叶えてくれると言われ、今は日本全国から大勢の観光客が訪れる名所となっている。

中川静香さんは鳥羽市相差町出身で、２０１０年３月に皇學館大學への進学が決まったことをきっかけに海女を選択。子供の頃から相差の海辺で育ち、海女漁をするお婆さんの中川寿美子とお母さんの中川早苗の影響で先祖代々の古業を継いで、日本全国でも珍しい三代海女の一家となった。

２０１１年12月19日午後、私は静香さん一家が経営する民宿「なか川」を訪れた。インターネットなどでよく見かける静香さんと玄関で初対面すると、本人はごく普通の可

鳥羽市相差町にある神明神社　石神さん

中川早苗（左）、中川寿美子（中）、中川静香（右）鳥羽市三代海女

愛い女子大生だった。静香さんは今日から冬休みに入り、宿を手伝う。夕食は新鮮な伊勢海老と鮑料理を堪能し、その後、静香さんとお母さんの中川早苗に、海女になる経緯を取材した。

静香さんが初潜りしたのは高校三年の２００９年10月で、黒のサザエ一個だけ採った。高卒時、同級生30人がほとんど県外へ選択肢を求めたことに対し、静香さんはただ一人で地元に残り、海と共に生きる海女漁を選んだ。皇學館大學では文学部コミュニケーション学科で学び、接客業に生かせたいと言う。大学の合間に海へ潜り、家業を手伝う。

お母さんの中川早苗は三重県南伊勢町出身で、嫁入りしてから海女漁をはじめた。今は海女漁の傍らに女将として務める。早苗さんによれば、毎年5月7日と大晦日の夜に石神さんへ御礼参りし、娘の静香さんも困ったことがあれば、必ず石神さんへお参りする。

取材して3年が過ぎた今、静香さんはすでに大卒し、会社員になっている。家に帰るとたまに海へ潜ると聞く。海女の後継者が少ないなかで、静香さんのような若い女性たちが孤独を耐えて、海女の未来を背負い、海女の国が再び若返ることを望む。

三　海女小屋物語

今、海女小屋体験は伊勢志摩を代表する観光の目玉として注目を集めている。海女小屋はもともと、漁から戻った海女が冷えた体を温め、休憩する場所だった。男性はもちろん禁制の場所である。海女小屋は観光客を受け入れるようになったのはこんな経緯がある。

２００４年３月、アメリカの旅行会社が海女に興味を持ち、ツアーを依頼したところ、鳥羽市相差町の海女、野村禮子（当時72歳）さんは周囲が戸惑うなかで手をあげ、鯨崎の海女小屋を初めて観光客に開放した。３月から12月まで約７００人の外国人観光客を受け入れ、伊勢海老やサザエなど海の幸を焼いてもてなし、人気を呼んだ。それ以降、日本内外からの観光客を呼び込み、今年で10年目を迎える。

これまで、野村禮子さんの海女小屋「はちまんかまど」へ何度も足を運んだ。ホテルへ泊まる香港、北京からの観光客にも指名され、案内したことがある。海を眺め、海女さんの話を聞きながら、焼き立ての海の幸をいただくことは至福のひと時である。

海女小屋「はちまんかまど」には分厚いメモ帳がある。それは今まで訪れた観光客が書いた感想文である。メモ帳を開くと驚くほどのメッセージが日本語、英語、中国語、韓国語などで書かれてある。日本語では美味しい、楽しい、元気などの言葉が多く、英語や中国語では独特、珍しい、神秘的などが目につく。今、炭火で新鮮な海の幸を焼いて提供する簡素な海女小屋は、世界の人々に海女文化を伝える大切なところになっている。

２０１４年11月７日、潮風が吹く海女小屋の一室で、60年の海女歴をもつ、野村禮子さんにこれまでの海女の人生について語ってくれた。

野村禮子さんは８人兄弟の末子で、１９３１（昭和６）年鳥羽市相差町生まれ。母も祖母も海女で、16歳で海女になった。17歳から18歳の2年間（３月～８月）、地元１００人以上の海女と一緒に対馬へ出稼ぎに行き、秋になると四日市、名古屋まで住み込んで稲刈の仕事を手伝った。家に帰るとまた、晩稲の稲刈をした。そして19歳から20歳の時に伊豆へ出稼ぎ、海女漁をした。話によると、以前は対馬も伊豆も海女がなく、鳥羽の相差や国崎などから出稼ぎに行った海女たちの一部が浦の親方などと結婚して、

Woman Divers Hut "HACHIMAN"
海女小屋 はちまんかまど・あさり浜
http//: amakoya.com

野村禮子さんと一緒に

行先に海女文化を残したという。

21歳の時、一つ年上の地元男性と結婚して、半農半漁の家庭生活を送る。30代頃に夫婦で造船し、舟人（ふなど）も経験。１９５９年に襲った伊勢湾台風で、地元の小学校などが倒壊した。夫は壊れた家屋の修復を手伝い、技術も習得する。その後、建築業で独立した。43歳の時、不運が訪れ、夫を交通事故で亡くした。それから一人で海女漁と夫の建築業も受け継ぎ、娘二人と長男一人を育てるために必死に働いた。その当時、鉄筋屋さんがなく、組み立てはすべて手作業で、苦労の連続だった。

20代の頃は白いシャツ一枚で素潜りし、冬もそのまま潜った。12月の寒い時期に、長男を生む前日まで海へ潜った。仲間の海女で、潜る当日に子を産む人もいる。生まれたばかりの赤ちゃんは凍傷のため紫色で、産婆に助けられ、何とか正常に戻ったという。

冬の海水は寒くて、目がしばしば痛い。40代頃にウェットスーツができて、ずいぶん便利になった。お母さんの時代は腰巻だけで潜った。手袋もなく素手で潜り、ウツボ（岩礁に生息する鋭い歯をもつ肉食魚）に噛まれ、指の骨を折ったこともある。

海女漁は危険を伴う作業で、いつもセーマンという星のマークをつけて海に潜る。セーマンは安倍晴明から由来し、一筆で書いて元の位置に戻れるから身の安全を守ってくれる。昔からイボニシという巻貝を割って磯着に書く。最初は黄色くなって徐々に紫色に変わり、褪色はしない。ドーマンは家の玄関に書いて魔物が入らぬように目を見張る。

取材が終わるころ、「この前、幼稚園の子らに聞いた。将来、海女になりたい子は手をあげて。そうしたらみんなが手をあげた。この子らが大人になって再び海へ潜ることを楽しみにしている」と微笑みながら話す。

苦労の海女の人生の末に、72歳で掴んだ海女小屋の成功物語は間違いなく、海女の歴史に刻む出来事だと思う。今年83歳の野村禮子さんは、今日も元気よく海女小屋で観光客に貝を焼いて振舞い、海女の話で花が咲く。

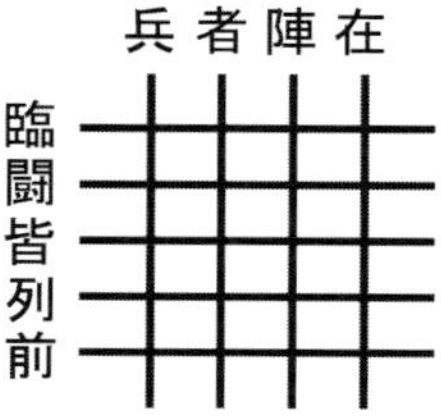

ドーマン

セーマン

四　現役海女取材記

中村佐百合（62）さんは三重県鳥羽市相差生まれの現役海女。中卒後、観光海女を経験し、31歳で民宿「大磯亭」の女将になった。舟人時代に、一日で１００個以上の鮑を採ったことがあり、腕前は一流である。

２０１４年11月12日午後、取材と宿泊をかねて相差へ駆けつけた。相差町は鳥羽市内から車で30分の距離で、パールロードもしくは国道１６７号線経由で行ける。どちらの道も曲がりくねった細道で、相差を入る前に黒潮流れる太平洋が一望できる。２００８年から数十回も訪れ、静かな漁村はいつも和やかで変わらない。

民宿大磯亭は相差漁港に入る手前で、左手に見える二階建ての黄緑色の宿。玄関に入ると正面が階段で、階段の左手には「相差 海女の宿」の小さな看板がある。看板の下には相差海女のシンボルである石の「フンドウ」が置かれていて、次のような解説文が添えている。

海女の作業には、2種類あります。「カチド」と呼ばれる海女は、1人で浜から磯桶を持って海に入り、潜水作業を行います。これに対し、「フナド」「フネド」と呼ばれる海女は、「トマエ」と呼ばれる船頭とともに船に乗り込み、船から海中へ潜る際に、「フンドウ」を握って一気に沈んでいきます。

フンドウは、石に穴をくりぬいて縄を通したものが古くから使われてきましたが、現在では、鉄製のものが使われています。

夕食を前に玄関の白いソファーで座り、女将の中村佐百合さんに話を聞いた。

1952年（昭和27）、鳥羽市相差町で生まれ、幼い頃から海で泳ぎ、仲間たちと遊んだ。先代の海女漁を継ぎ、中卒後は観光海女として地元20人の海女と兵庫県城崎市日和山海岸で3年半働いた。当時は観光海女がブームで、ミキモト真珠島は20～30人、鳥羽水族館は3人、イルカ島は4人ほどの海女が雇われたと振り返る。

兵庫県日和山海岸では一年中、観光海女として日々を過ごした。周一回、二回休みで、正月に一回里へ帰り、寒い冬でも潜った。投げ入れる陶器の盃を海底に潜って拾

海女、中村佐百合を取材する

い、大勢の観光客を楽しませた。竜宮城が見える日和山海岸では鳥羽市相差町からやってきた若い海女たちの献身的なショーで、一時の風物詩となった。

20歳で地元の漁師と結婚し、鳥羽市のイルカ島でも10年間、観光海女や喫茶店などで働いた。１９８３年から民宿を始め、女将と海女の人生を今日まで歩んできた。２００６年から伝統的な磯着をまとい、炭火で魚介類を焼いて観光客にもてなす海女小屋「相差かまど」でも周３日ほど働く。

漁師の夫と舟人（ふなど）を十年間続けた。深さ10ｍ以上の海底を15kgのおもり（フンドウ）を手持ちして、一気に潜って鮑などを採る。鮑が多い漁場を見つかった場合は90度にある二つのヤマ（陸上に見える山や木などの目標物）を定め、繰り返し潜る。漁師は海上で居場所を知るために常に山を当てて、ヤマアテという。

海は恵みをもたらすと同時に命懸けの場所でもある。一度、潜って浮上しようとする時に仕掛け網に絡まれ、命綱を巻き上げるほど苦しくなり、危険を察知した夫はすぐに巻き上げる綱を緩め、一命をとりとめた。水深５ｍほどの浅海で徒人（かちど）の時も海藻の多い場所で足が磯桶の綱に巻かれて、すぐに浮上できない時もあった。

毎年10月から４月までが伊勢海老漁の期間で、毎日５時半に起きて海へ行く。天気が良ければ海女漁に出かけ、12月27日～28日まで潜る。以前は一日、午前と午後２回潜ったが、今は磯場の資源を守るために、午前1回だけ潜る。今朝は5時半から10時まで伊勢海老漁をした。それから15時まで海女小屋で働く。昼間は休憩をとって明日の伊勢海老漁のために網を張る。ほんとうの休憩は夕方ぐらい。仲間と喫茶店で過ごす時が一番楽しいという。

石神さんは年に3、4回お参りに行く。年初めの1月25日は去年への感謝、5月7日は磯日待、9月25日は夏へのお礼、11月25日は冬の豊漁祈願など、海女の信仰は深い。最後に、海女の将来とユネスコ無形文化遺産登録についても応えてくれた。

現在、相差では海女が100人ほど住んでいる。自分らが後20年ぐらい潜ったとしても、この世代の海女が一番多く、引退すると確実に少なくなる。今の若者は安定的な職場を求めている。海女になると今日1万、2万稼いでも明日、明後日がゼロになると生計を立てにくい。海女が絶えることはないが、衰退していくだろうと話す。

海女のユネスコ無形文化遺産登録は賛同であり、多くの人々がこの町へ訪ねてくることは喜ばしいことだと言われた。

話が終わるころ、「こんど子供を連れて船の体験をしたい」と申し入れると、夏場がいいとすすめてくれた。岩牡蠣やムール貝など様々な魚介類が採れて、家に持ち帰ると、子供たちが大喜びすると話す時、40年歴の海女の表情は優しさに包まれていた。

夕食は、鯛の舟盛りに伊勢海老造り、サザエなど豪華な海鮮料理がテーブルに並ぶ。民宿の食事は美味しく、満腹にさせる。明日は海女漁にも同行させることを思うと、夜中まで眠れなく、早く夜が明けることを願った。

翌日の11月13日は休日。朝の相差漁港は肌寒く、白い雲のかかった青空と海原は遠く結ばれていた。白波が押し寄せる漁港では、漁師や海女たちが焚火で体を温めながら水揚げされた伊勢海老を茜色の網から取り外す作業に没頭している。自然と人間が織りなす素朴な営みは古き時代からの原風景であり、眺めるだけで心が癒される。

朝8時半、中村佐百合さんと仲間4人がウェットスーツの姿で漁港に現れ、逞しく見えた。海岸沿いの小さな漁船には大磯亭と書いてあり、一緒に乗船すると、目の前にいる4人の中間層（60代）海女が磯メガネを洗ったり、服装を整えたりして、素早く準備に取り掛かっている。私はなるべく邪魔しないように距離を置いて、写真を撮り続けた。船が漁港から出発し、灯台を過ぎると海女たちは磯メガネをつけて、背筋を伸ばす。漁場に近づくと、獲物を狙うかのように海女の目線は鋭く、場所を定めてからは次々と青い海へ飛び込んだ。漁師（中村佐百合さんの夫）は気を使うように船をしばらくとめた。望遠レンズから見る海女たちは、人魚のように起伏する海のなかを泳ぎ回っていた。

船は一旦漁港に戻り、一時間半後にまた迎えに行く。近くの民宿大磯亭まで散策すると、お婆さん三人が黙々と刺し網を掃除している。二人は90代高齢で、それぞれ佐百合さんと夫の母親で海女の人生を歩んできた。もう一人は親戚らしき人で、挨拶すると親切にうなずいてくれた。この網はまた昼以降に海へ張って仕掛け、明日の伊勢海老漁に使う。

再び漁港へ戻り、漁師を待つ。一人で海辺にいると時間が長く感じる。新聞や本などを持ってこなく、カメラバッグにあるメモ帳を広げてみた。偶然にも、「この神島で、私は初めて海女が鮑やサザエを採る姿を見た。それは一つの感動より、人間と自然の本来の営みをこの目で確かめた。現代という名詞は便利を求める人間が主役になる世界である」と、4年前に神島のごくあげを取材した時に書き下ろした文を見つける。海女たちと縁があることを改めて気づいた時だった。

漁師は約束の時間より少し遅れた。さっそく、私を乗船させ、海女の漁場へ向かう。私にとって、冷たい海のなかで二時間近く潜水作業を繰り返す60代の海女の苦労は想像し難い。心のなかでは不安と期待が交錯し、今日も大漁であることを願った。

果てしなく続く青い海で、眩しい太陽の光点が輝いて魅せる。晴れ渡った青空の下で、今日も哀愁に満ちた磯笛が聞こえた。海では4人の海女だけが残り、船を待っている。漁師はサザエが満載したスカリと海女たちを引き揚げ、無言で操縦席へ戻る。冷たい海水で長く浸かったせいか、海女たちの顔は白く、交わす言葉も無くした。私は一瞬、凍ったようにかたくなり、二度と戻れない時を記録するためにひたすらシャッターを押し続けた。

中村佐百合さんと海女小屋相差かまどの前で別れ、「気をつけて」と、最後まで親切にしてくれた。

取れたての伊勢海老やサザエなどは、後に海女小屋、旅館、民宿などで調理され、訪れる観光客にごちそうさせる。相差の海女は現在も朝から晩まで働き、伝統的な素潜り漁をかたく守りながら生計を立てている。

帰り道で、相差の石神さんや海女の家五左屋、海女文化資料館などへ立ち寄った。多くの女性観光客が石神さんに集まり、一つの願いを叶えてくれることを信じて手を合わせている。海辺の道を走って国崎町にも訪れた。地元の漁師と海女をはじめ、日本中のダイバーなど海に関わる人々の信仰を集める海士潜女神社には一人もいなく、寂しい様相を呈している。

五　漂泊に生きる海人

海のように、海に生きる生き物たちは流動性をもつ。海人も同じ運命を辿ってきた。海人は単純に言えば、海士と海女に分かれる。昔は女性も海士だった。鉄の磯ミノを携えて海中を垂直に潜り、鮑を取るとミノを腰に差して浮上する。裸の海女の姿は人魚であり、武士にも似ている。

海女に関心を持ち、最初に手にした本は三重県鳥羽市生まれの岩田準一（１９００—１９４５）氏が書いた『志摩の海女』（１９７１年）だった。初版を調べてみると『志摩の蜑女』（１９３９年）が鳥羽市立図書館にあった。海女は日本の古歌や古書で海士、潜女、白水郎、蜑女、蜑婦などと表記されている。

蜑（あま）の漢字を中国語で調べると今の浙江省、広東省、広西省、福建省、海南省の沿海、河川流域に住む蜑民（蛋民）が出てくる。蜑民（たんみん）とは船を以って家をなす漁民のことで、秦・始皇帝が中国を統一する以前、春秋戦国時代の越国の子孫とされる。戦乱を逃れて海辺で生活し、進歩と文明と無縁の海上遊牧民として、漂泊放浪に明け暮れた。蜑人は蛇と龍を崇め、文身（入墨）し、下駄を履く。昔から漁撈や素潜りで真珠などを採取し、船上で移動生活を営む。使用言語は福建の方言と広東語系で、舟唄を好んで歌い、独自の漁労文化を有する。20世紀50年代以降、船住居から徐々に陸へ上がり、漂泊生活から定着生活へと変貌し、蜑民の伝統文化は絶滅に瀕しているとされる。

羽原又吉氏の書いた『漂海民』（岩波新書、１９６３年）に中国南方で生活する蛋民や日本で過去にあった船屋（ふなや）を多く取り上げた。家族を単位として親・子・孫すべて海に生まれ、波にゆられながら、一生を舟の上で送ってきたのが漂海民であると作者が指摘する。蛋は中国唐代にできた文字で、それ以前は蜑の字、さらに以前は誕の字を使っていたとされる。

白水郎は同じ蜑民を指す言葉で、中国の唐詩『送嶺南崔侍御』（元稹作）に、「白水郎旱地に行くこと稀なり」との一句がある。『大辞林　第三版』の解説では、中国の白水に潜水の上手な男がいたことからという。（漁師。海人）

谷川健一著『古代海人の世界』（小学館、１９９５年）では、中国泉州の海人は断髪文身して潜水漁をしたので、それにあやかって泉州の泉の字を二字にわけて白水とし、白水郎をアマと訓ませた、と書かれてある。泉州とは中国福建省東南部にある泉州市のことで、春秋時代（前770―前403）では越国の領土だった。

台湾の東南にある離島、蘭嶼（ランウィ）では台湾原住民とされる海洋民族ヤミ族（タオ族）は近年まで高床式住居で裸同然に暮らし、潜水漁撈に長け、採った魚を生のままで食べる風習があるとされる。台湾の友人によると、離島で毎年行われる「飛魚祭」が有名で、褌一丁の男姿は日本の裸祭りに似通う。

日本の海人に関する最初の記録は、紀元3世紀の『魏志倭人伝』（陳寿著）に、「又、一海千余里を渡れば末盧国に至る。四千余戸あり、山裾や海に暮らす。草木が繁茂して、前行く人の姿が見えない。好んで魚や鰒を捕り、水深浅と無く、皆が水中に潜ってこれを取る」、「今、倭の水人、好んで沈没して、魚蛤を捕る。文身し、亦以て大魚・水禽を厭う」、と記されている。末盧国は今日の佐賀県唐津市付近にあり、1、700年前から裸の素潜り漁が行われていたことがわかる。

万葉集に、「伊勢乃白水郎之　朝魚夕菜尓　潜云　鰒貝之　獨念荷指天」（伊勢の海人の　朝な夕なに　潜くとふ　鮑の貝の　片思ひにして）という歌があるように、志摩半島の海人歴史は奈良時代まで遡る。

『延喜式』（927年）では、肥後国（現熊本県）と豊後国（現大分県）の調（税）として、「耽羅鰒」の言葉が出てくる。一方で、平城宮出土木簡に天平17年（745年）9月、「耽羅鰒六斤」を調として貢上した志摩国英虞郡名錐郷のことが網野善彦著『「日本」とは何か』（講談社、2008年）に書かれている。「耽羅（たんら）」とは済州島のことで、古き日本との繋がりを垣間見ることができる。

李健著『済州風土記』（1629年）では、潜女や男女が裸で潜る記述があり、済州島は古くから海女の島だった。

三重県鳥羽市相差町にある海女文化資料館の相差歴史年表では、「1669年（寛文9年）から相差村の者が房州に海士稼ぎへ行く」と記載されている。江戸時代から志摩半島の海女が北上し、千葉県房総半島まで出稼ぎに行ったことが窺える。

『海を渡った朝鮮人海女―房総のチャムスを訪ねて』（金栄・梁澄子著、新宿書房、1988年）によると、大阪と済州島を結ぶ定期連絡船「君が代丸」が就航（1922年）以降、済州島のチャムス（潜嫂）と呼ばれる海女たちが大阪経由で房総半島、福島県、青森県まで出稼ぎに行ったとされる。解放を迎えた1945年以降、故郷に帰る者、そのまま居残る者に分かれ、以降、チャムスが済州島から出稼ぎに来ることはなくなったとされる。房総半島の各地で潜る済州島海女を訪ねて書かれた著書では、済州島出身の親方、朴基満（１９０３―１９７１）と妻・高月娥が登場し、海を渡った済州島海女たちの過酷な人生を生々しく記されている。

海人たちは、古代から船を以って家をなし、国境を越えて島々を漂流し続けてきた。海と共に生きる人々にとって、海はただの生活の場に留まらず、生産、交易、そして文化を運ぶ航路であり、豊かな生活文化を生み出す源でもある。

沖縄の海人（うみんちゅ）は祖霊の居る海の彼方―ニライカナイが、生まれ変わる場所だと信じている。三重県鳥羽市神島の八代神社では海神、綿津見命（わたつみのみこと）が祀ってある。わたつみの「わた」は韓国語でバダ（海）と発音が似ている。海は「生み」とも読み、すべての命が育み、誕生する場として果てしなく続く。

海女のいる海岸線

六　消えつつある海女

日本にきて、刺身など様々な生食と出会った。鳥羽市答志島では見知らぬ海女が生の鮑をそのまま食べなさいとすすめられ、神島では生のサザエを割ってくれる。冷凍食による大量供給と季節感が薄れる現在、高齢化している海女や漁師の生業をもっと巨視的な視点から見つめ直すべきである。

２０１４年10月16日朝、『伊勢新聞』のトップページを見ると、「鳥羽志摩の海女、２００人減７６１人」（平成22年比　文化存続へ収入増を）の表題が大きく飾られる。続いて『中日新聞』を開くと、「寄る年波　海女２割減」（伊勢志摩　４年前と比べ　平均年齢は65・３歳）の記事が目につく。同日の『読売新聞』では「県内の海女２割減」（２０１０年比　アワビ漁獲量減が要因）、『毎日新聞』では「志摩半島　海女さんピンチ」（後継者育成　支援を）、『朝日新聞』では「三重の海女さん

4年で200人減少」（高齢者・アワビ不漁原因か）、などと各新聞に「海女のニュース」が大きく報じられた。

三重県鳥羽市、海の博物館の調査によるもので、2010年では、鳥羽・志摩両市の海女が973人に対して4年間で761人（1949年は6、109人）まで減った。平均年齢は65・3歳で、高齢化が進み、後継者はほとんどいない状況だ。県内の鮑漁獲量が1966年の752トンに対し、2012年は49トンまで減少し、海女の収入にも大きく影響される。伊勢志摩には、日本半数の海女が暮らす地域とされ、海女文化はまさに危機にさらされている。

額田年氏が書いた『海女：その生活とからだ』（鏡浦書房、1961年）では、1956年の日本全国海女数が17、611名で、三重県が7、213名、千葉県が2、243名、福井県が2、053名など、詳細な数字が記されている。海の博物館調査によると、2010年の全国海女数は2、174名で、海女は年を追うごとに減少している。

『志摩の海女　写真集』（浦口楠一著、日本カメラ社、1981年）で、作者は昭和33年、34年（1959）ごろ、志摩市和具の浜で、中学生が十人ぐらいで海女の稽古をしているのをよく見かけたという。このごろ、90％以上が高校に進学するので、志摩町内では10代の海女は一人もいない。20代でも各地区ともに一人ないし三人である、と書かれている。

司馬遼太郎（1923―1996）氏が『耽羅紀行』（街道をゆく28、朝日文庫）で、海女と文明について精彩に論じている。海村に生まれても海女にならない娘が増えたことに対し、「いまの文明には、ばかげたところがある」と指摘。続いて「学校を濫立して、こどもたちをその檻に入れ、どの檻が上等で、どの檻が下等かと区別している。社会も両親もこどもたちをどんどん追いたてて等級差の檻に入れ、自他を区別づけることによって、社会意識として安堵している」と述べられた。李氏朝鮮時代の社会は、サンノム（常民）という農、商階級と貴族である両班（ヤンバン）に分かれ、裸で海に入り大声で話し合う「潜女」はさらに蔑視される対象であった。他愛もなく、黒潮圏で生き続けてきた海女は文明、開化という時代で、徐々に姿を消していく現実に、作者は憤りを感じたに違いない。

文明、進歩、民主というのは、もっとも公平で、幸福に生きる権利を人々に与えられる社会であるはずなのに、自然に優しく生きている海女たちは徐々に姿を消しつつある。

原始的で、野性的で、奔放的に生き抜いてこられた群類が現代の、人工の、温室のような社会環境に疎外されていることを目視すると、息が苦しくなった。

むすびに

私は中国東北にある農村で生まれた。みすぼらしい土房に住み、小学校へ入る前までは電気のない生活を送っていた。村の南には清河という清流がながれ、幼年時代の最大の思い出の場所として、いつも友だちと素っ裸で泳ぎ、砂浜で遊んだ。

貧しい生活を堪えながら、母は大学まで育ててくれた。大卒後、故郷に錦を飾ることを夢見て、漂泊の人生を選ぶ。成り行きに任せる人生の旅に、8年前から伊勢志摩の海と出会った。青い海を眺め、潮騒の響きに掻き立てられて、何時か波瀾万丈に生きる海女の姿が自分の母と重なって見えた。10年以上も母の膝元へ帰らなかった不孝な子として、無様な格好を見せたくなかったのか、あるいは日本の根深い伝統文化に心を奪われたのか、故郷は遠のく存在になってしまった。

司馬遼太郎氏が『耽羅紀行』のなかで、中国古代史に、越人とか百越とかという名で登場するこの古代民族が現在のベトナムやタイ人の遠祖であることはまぎれもないことである。それら潜水漁法民族が、黒潮に乗って、沖縄、済州島、九州、瀬戸内海にまで領域をひろげていたのは、紀元前の光景であった、と書いてある。そして志摩国「耽羅鰒六斤」にふれて、いにしえも耽羅の海女は日本にやってきては海仕事をし、そのうちの何割かは日本人になって、私どもの先祖の一部になってしまったのにちがいないと述べられた。

海女は古代から海民として裸で素潜りし、海と陸を生きる特別な存在だった。近代文明という波に押され、海女は服やウェットスーツに着替え、海女の娘たちは徐々に大学や都会へ行ってしまった。漁村では今、高齢海女を中心に、日本と韓国の一部地域にしか見られなくなった。

鳥羽・志摩の海女は賢明な人々の努力により、2013年に三重県無形民俗文化財に指定された。早く日本国無形文化財になり、韓国済州島の海女と手を組んでユネスコ無形文化遺産に登録されることを期待する。

これまで苦しみにまみれながら、漂泊に生きてこられた海女にぜひ脚光を浴びてほしい。素潜り漁法は古き時代から続く漁労文化であり、ほとんど進化のないままに今日まで守られてきた。海女文化が世界無形遺産になれば、漁村に生まれた娘たちが、東京や大阪などの大都会でありふれたサラリーウーマンにならなくていい。例え、観光海女になったとしても海のそばにいるから、先祖代々受け継がれてきた古業を活気づけ、後世へと継承していく可能性が残される。

海は汚れつつある。血液が濁るように、命も絶えやすい。自動車社会や電子化生活による過剰な二酸化炭素（CO_2）の排出は大気汚染と地球温暖化をもたらし、海洋酸性化も加速させている。海洋汚染は異常天気だけでなく、生物連鎖を破壊し、様々な魚介類が絶滅する危惧に瀕している。海は太古から、生命の故郷であり、母でもある。我々の生命が母体の羊水（ようすい）のなかで育つことは海からのなごりでもある。

海女は身一つで海へ潜り、必要なだけの量の魚介類を採って暮らす。ダイバーのように酸素タンクを背負って潜水すれば海は荒らされる。近代化された技術を使って漁獲すれば海は徐々に死の海に化けてしまう。

海女漁から垣間見るように、海や海の生き物たちは古代から流動性、そして不変性を合わせ持つ。変わらないものには価値がある。海女の文化を守っていくことは、変わりつつある海の環境と進化を求める人間たちの将来にかかわる問題でもある。

最後に、取材させて頂いた三代海女の中川静香氏ご一家、海女小屋「はちまんかまど」の野村禮子氏、民宿旅館「大磯亭」の女将で今も最前線で活躍する現役海女の中村佐百合氏、そして今まで出会ったすべての海女さんに心からお礼を申し上げます。ありがとうございました。

2015年春　　李　相海

参考・引用文献

網野善彦……『「日本」とは何か』講談社、２００８年
岩田準一……『志摩の海女』中村幸昭、１９７１年
海の博物館編『目で見る鳥羽・志摩の海女』海の博物館、２００９年
浦口楠一……『志摩の海女　写真集』日本カメラ社、１９８１年
大林太良編：『海人の伝統』日本の古代８、中央公論社、１９８７年
金栄・梁澄子・『海を渡った朝鮮人海女―房総のチャムスを訪ねて』新宿書房、１９８８年
佐々木忠義：『海―そのすばらしい世界』ＮＨＫ出版、１９７７年
司馬遼太郎：『耽羅紀行』街道をゆく28、朝日文庫、１９９０年
瀬川清子……『海女』古今書院、１９５５年
田辺悟……『海女』法政大学出版局、１９９３年
谷川健一……『古代海人の世界』小学館、１９９５年
中村由信……『海女―中村由信写真集』マリン企画、１９７８年
額田年……『海女：その生活とからだ』鏡浦書房、１９６１年

萩原秀三郎・萩原法子『神島』井場書店、１９７３年
羽原又吉……『漂海民』岩波新書、１９６３年
松平斉光……『祭―本質と諸相　古代人の宇宙』朝日新聞社、１９７７年

著者プロフィール

李 相海（りしゃんはい）

１９７１年　中国遼寧省生まれ
１９９４年　東北師範大学（長春市）卒業
１９９８年　日本へ留学
２００３年　三重大学卒業
２００７年　鳥羽シーサイドホテル入社
２００８年　「日本紀行」サイト
（http：//www.lmihe.com/）運営開始
２０１２年　初個展「伊勢志摩の自然と祭礼」開催
２０１３年　『伊勢志摩の自然と祭礼』写真集 出版
２０１３年　「日本稲作物語」写真展 開催

中日写真協会会員
日本中部中国写真家協会会員
三重県日中友好協会会員

現代の海女　伊勢志摩の海女に魅せられて

著　者　李　相海
発行日　2015年3月29日
発行者　高橋　範夫
発行所　青山ライフ出版株式会社
〒108-0014　東京都港区芝5-13-11 第2二葉ビル401
TEL 03-6683-8252　FAX 03-6683-8270
http://aoyamalife.co.jp　info@aoyamalife.co.jp

発売元　株式会社星雲社
〒112-0012　東京都文京区大塚3-21-10
TEL 03-3947-1021　FAX 03-3947-1617

写真　李 相海
装幀　杉下 城司
印刷/製本　株式会社シナノパブリッシングプレス

ISBN978-4-434-20296-4